DAS STAR WARS™ KOCHBUCH

WOOKIEE STULLEN, KLON-SCONES UND ANDERE GALAKTISCHE REZEPTE

W0278475

VON ROBIN DAVIS UND LARA STARR
FOTOS VON MATTHEW CARDEN

PANINI BOOKS

Die Deutsche Bibliothek – CIP-Einheitsaufnahme
Ein Titeldatensatz für diese Publikation ist bei der Deutschen Bibliothek erhältlich.

Deutsche Ausgabe 2012 Panini Verlags GmbH, Rotebühlstraße 87, 70178 Stuttgart. Alle Rechte vorbehalten.

Titel der amerikanischen Originalausgabe:
„The Star Wars Cookbook: Wookiee Pies, Clone Scones, and other galactic Goodies" by Robin Davis and Lara Starr, photography by Matthew Carden, first published in the US by Chronicle Books, 1998

Übersetzung: Jonah Tabéh
Lektorat: Gesa Grünwald
Chefredaktion: Jo Löffler
Satz: mediativo, Jochen Volkmer, Stuttgart

Book design by Jennifer Tolo Pierce and Daniel Carter/Studio 212.
Concepts by Matthew Carden. Styling by Jennifer Carden.
Manufactured in China.

2. Auflage, September 2013
ISBN 978-3-8332-2541-3

www.paninicomics.de
www.starwars.com

Inhalt

Willkommen, junger Jedi ...

... auf einer kulinarischen Entdeckungsreise durch die Weiten des *Star Wars*-Universums. Von den Sümpfen Dagobahs über die Eiswelt Hoth bis hin zu den ewigen Wüsten Tatooines – überall gibt es eine Vielzahl an galaktischen Leckereien zu entdecken (und natürlich zu kosten!) und Ihr seid dazu auserkoren, sie in Eurer heimischen Küche auszuprobieren und somit zur Meisterschaft eines echten Wookiee Cookie-Kochs zu gelangen.

Taucht mit uns ein in eine Welt der wahrlich außerirdischen Genüsse aus einer weit, weit entfernten Galaxie.

Also, frisch ans Werk, junger Jedi!

Möge Eure Hoth Chocolate immer besonders schokoladig, Eure Wookiee Cookies immer knusprig und – vor allem –

möge die Macht immer mit Euch sein!

Ein Küchenutensil ist nur so gut, wie der Koch, der es führt.

Wie ein Jedi-Meister im Kampf auf sein Lichtschwert angewiesen ist, so ist es auch in der Küche unerlässlich, dass man das richtige Werkzeug zur richtigen Zeit zur Hand hat, um möglichst machtvolle (und vor allem natürlich leckere) Ergebnisse zu erzielen.

Ein Großteil der folgenden Liste mag sich bereits in Eurem Besitz befinden. Falls nicht, sollte ein kurzer Besuch auf dem Markt von Mos Eisley Abhilfe schaffen. Selbstverständlich könnt Ihr auch auf jeden anderen ähnlich gearteten Markt gehen …

Das unverzichtbare Handwerkszeug eines echten Wookiee Cookie-Kochs

- Aluminiumfolie
- Ausstechformen
- Backformen
- Backpapier
- Backpinsel
- Bratpfanne
- Bratspieße
- Büchsenöffner
- Eisportionierer
- Eisstiele
- Eiswürfelform
- Frischhaltefolie
- Gemüseschäler
- Holzlöffel
- Käsereibe
- Kartoffelstampfer
- Kochtöpfe
- Kuchengitter
- Küchenthermometer
- Messbecher
- Messer
- Nudelholz
- Nudelsieb
- Löffel
- Mixer
- Pappbecher
- Pfannenwender
- Rührbesen
- Rührgerät
- Rührschüsseln
- Schneidebrett
- Schöpfkelle
- Sieb
- Teekessel
- Toaster
- Topflappen
- Wachspapier
- Zahnstocher

Frühstück

Prinzessin Leia Schnecken

Die mutige Prinzessin der Rebellenallianz besticht durch messerscharfen Verstand, Charme und eine raffinierte Haartracht. Mindestens ebenso raffiniert ist dieses verführerische Gebäck.

ZUTATEN: (für ca. 10 Schnecken)

1 EL	Butter
280 g	Blätterteig aus dem Kühlregal oder frischer Hefeteig
1 ½ TL	Zimt
1 EL	Milch
2 EL	Hagelzucker
40 g	Puderzucker
1	Päckchen Vanillezucker

ZUBEREITUNG:

1. Backofen auf 180 °C vorheizen. Backblech mit Backpapier auslegen.

2. Butter in einem kleinen Topf bei schwacher Hitze schmelzen.

3. Arbeitsfläche mit Mehl bestreuen und den Teig rechteckig, etwa 1 cm dick, auswellen.

4. Den Teig mit der zerlassenen Butter bestreichen und mit der Zimt-Zucker-Mischung bestreuen. Die Ränder etwa einen Zentimeter breit frei lassen.

5. Den Teig nun von der längeren Seite her aufrollen. Das Teigende mit den Fingern vorsichtig andrücken.

6. Die Rolle in 2 cm dicke Scheiben schneiden.

7. Die Scheiben mit der Schnittseite nach unten auf das Backblech legen. Auf genügend Abstand achten.

8. 20 Minuten goldbraun backen und kurz abkühlen lassen.

9. In der Zwischenzeit Milch und Puderzucker in einer Schüssel gut verrühren und den Vanillezucker hinzugeben. Die Schnecken mit dem Guss bestreichen und servieren.

Tosche Station Toast

Bevor man sich zur Tosche Station aufmacht, um ein paar Energiewandler abzuholen, sollte man sich erst einmal mit diesem leckeren Toast stärken.

ZUTATEN: (ergibt 4 Toasts)

4	Eier
250 ml	Milch (Raumtemperatur)
1	Päckchen Vanillezucker
230 g	Frischkäse (Raumtemperatur)
1 EL	Zucker
½ TL	Zimt
8	große Scheiben Toast
50 g	Butter
	Puderzucker oder Ahornsirup zum Servieren

ZUBEREITUNG:

1. Ofen auf 190 °C vorheizen.

2. Eier, Milch und Vanillezucker in einer Schüssel verrühren und zur Seite stellen. In einer weiteren Schüssel Frischkäse, 1 EL Milch, Zucker und Zimt gut verrühren. Die Frischkäsemischung gleichmäßig auf 4 Toastscheiben streichen. Die bestrichenen Toasts dann mit je einer weiteren Toastscheibe bedecken und fest zusammendrücken. Die Sandwiches dann halbieren oder mit den Ausstechformen in *Star Wars*-Figuren verwandeln.

3. Die Sandwiches dann auf beiden Seiten für ca. 1 Minute in die Ei-Milch-Mischung tauchen.

4. Eine Pfanne bei mittlerer Hitze auf den Herd stellen und die Butter darin schmelzen. Die Toasts gut abtropfen lassen und von beiden Seiten jeweils 2 bis 3 Minuten goldbraun anbraten. Danach die Pfanne in den vorgeheizten Ofen stellen und 8 bis 10 Minuten weiter backen. Die ofenwarmen Toasts mit Puderzucker oder mit Ahornsirup servieren.

Klon-Scones

Diese Scone-Armee führt mit ihrer butterweichen Konsistenz einen direkten Angriff auf das Geschmackszentrum aus.

ZUTATEN: (ergibt etwa 16 Scones)

350 g	Mehl
250 ml	Milch (Raumtemperatur), 1 EL zusätzlich
1 Päckch.	Vanillezucker
40 g	Haferflocken
75 g	brauner Zucker
2 TL	Backpulver
½ TL	Salz
180 g	Butter
150 g	Rosinen
2 EL	Zucker
½ TL	Zimt

ZUBEREITUNG:

1. Ofen auf 200 °C vorheizen.
2. Mehl, Haferflocken, braunen Zucker, Vanillezucker, Backpulver und Salz mit einem Handrührgerät gut verrühren. Die Butter in kleinen Flöckchen auf der Masse verteilen und mit dem Handrührgerät unterrühren.
3. Rosinen hinzugeben und grob unterheben.
4. Nun die Milch hinzugeben, alles zu einem Teig verarbeiten und anschließend zu einer Kugel formen. Den Teig mit einem bemehlten Nudelholz etwa 1,5 cm dick ausrollen.
5. Nun mit den Ausstecherformen *Star Wars*-Figuren ausstechen.
6. Die Figuren auf ein gefettetes Backblech legen und in 12 – 15 Minuten goldbraun backen.
7. Währendessen 1 EL Milch mit Zimt und Zucker verrühren.
8. Die Scones aus dem Ofen nehmen und sofort mit der Milchmischung bestreichen.

Warm servieren.

Landonuts

Für diese leckeren Donuts lässt Lando Calrissian auch mal ein lukratives Geschäft sausen.

ZUTATEN: (ergibt etwa 24 Donuts)

300 g	Mehl
180 g	Kakaopulver
2 TL	Backpulver
½ TL	Natron
½ TL	Salz
200 g	Zucker
180 ml	Buttermilch (Raumtemperatur)
4 EL	zerlassene Butter
2	Eier
120 g	Puderzucker
	Speiseöl zum Frittieren

ZUBEREITUNG:

1. 4/5 des Kakaopulvers, Mehl, Backpulver und Salz in einer großen Schüssel vermengen.

2. In einer weiteren Schüssel Zucker, Buttermilch, Eier und die zerlassene Butter verrühren.

3. Die Buttermilchmischung in den Mehlmix geben und so lange verrühren, bis ein glatter Teig entstanden ist. Diesen für 15 bis 20 Minuten kalt stellen.

4. Den gekühlten Teig auf einer bemehlten Arbeitsfläche etwa 1 cm dick ausrollen.

5. Mit den Ausstechformen *Star Wars*-Charaktere ausstechen und diese etwa 10 Minuten ruhen lassen.

6. In einer kleinen Schüssel das restliche Kakaopulver mit dem Puderzucker vermischen.

7. Nun Backpapier mit mehreren Lagen Küchentüchern belegen.

8. Speiseöl in der Fritteuse oder in einem geeigneten Gefäß auf ca. 180 °C erhitzen (Küchenthermometer verwenden).

9. Nun jeweils gleichzeitig 2 bis 3 Teiglinge für etwa 2 Minuten frittieren. Mit einem Löffel wenden und 3 weitere Minuten frittieren. Die fertigen Donuts aus dem heißen Öl nehmen und zum Abtropfen auf die Küchentücher legen. Die leicht abgekühlten Donuts in der Kakao-Zucker-Mischung wenden und servieren.

Amidala Omeletts

Wenn sich Padmé Amidala für offizielle Staatsangelegenheiten kleidet, trägt sie in der Regel ein beeindruckendes Ornat aus Rot, Schwarz und Gold – genau dieselben Farben finden sich in diesem herzhaften Frühstück wieder.

ZUTATEN:

6	Eier
60 ml	Milch
120 g	geriebener Mozzarella
1	große Paprikaschote, geschnitten
50 g	schwarze Oliven, geschnitten
½ TL	Salz
½ TL	Pfeffer
	Speiseöl

ZUBEREITUNG:

1. Ofen auf 120 °C vorheizen.
2. Eier und Milch in einer großen Schüssel gut verrühren. Käse, Paprika, Oliven, Salz und Pfeffer hinzugeben und alles gut vermischen. 2 EL von der Masse abnehmen und in ein Glas füllen.
3. Öl in eine Pfanne geben. Die 3 Ausstechformen ebenfalls einölen und in die Pfanne legen. Bei mittlerer Hitze die Ausstechformen etwa zur Hälfte mit der Eimischung füllen und bei geschlossenem Deckel etwa 5 Minuten braten.
4. Die Ausstechformen vorsichtig von den Omeletts lösen.
5. Die fertigen Omeletts mit einem Pfannenwender auf ein mit Backpapier belegtes Backblech legen und im Ofen warmhalten. Die Schritte 3-5 wiederholen, bis die gesamte Eimischung aufgebraucht ist.

Die Omeletts ofenwarm servieren.

Getränke

Hoth Chocolate

Die Echo-Basis der Rebellen auf dem Eisplaneten Hoth war nicht nur streng geheim, sondern auch eiskalt. Vermutlich hätten die mutigen Krieger dort alles für eine heiße Tasse *Hoth Chocolate* gegeben.

ZUTATEN: (für 2 Tassen)

230 ml	Milch
2 TL	brauner Zucker
1 geh. TL	Kakaopulver
½ TL	Vanilleextrakt oder Vanillezucker
	Marshmallows nach Geschmack

ZUBEREITUNG:

1. Kalte Milch in einen kleinen Topf geben. Zucker, Kakao und Vanillezucker hinzugeben und so lange mit einem Schneebesen verrühren, bis sich alles aufgelöst hat.

2. Milchmix bei mittlerer Hitze erwärmen. Sobald sich am Rand kleine Blasen bilden, den Topf vom Herd nehmen.

3. Die Hoth Chocolate vorsichtig in eine Tasse oder einen Krug füllen, ein paar Marshmallows dazu – und sofort genießen!

Das ideale Getränk für bibbernde Padawane!

Yoda Soda

Spätestens seit dem legendären Lichtschwertduell zwischen Yoda und Count Dooku weiß man, dass man den kleinen Jedi-Meister niemals unterschätzen sollte. Stammt seine Macht vielleicht aus diesem herrlich schäumenden Getränk?

ZUTATEN: (für einen Shake)

3	Limetten
3 TL	brauner Zucker (oder mehr, wenn gewünscht)
230 ml	Mineralwasser mit Kohlensäure
1	Kugel Zitroneneis oder Zitronensorbet

ZUBEREITUNG:

1. Die Limetten halbieren, auspressen und den Saft in einen großen Becher geben.

2. Zucker hinzugeben und mit einem Holzlöffel so lange rühren, bis sich der Zucker vollständig aufgelöst hat. Mineralwasser hinzugeben und alles gut umrühren.

3. Eine Kugel Zitroneneis oder Zitronensorbet in ein hohes Trinkglas geben und mit dem Limettenwasser übergießen. Sofort servieren!

Jawa Jive Milchshakes

Jawas sind bekannt dafür, verlassene Schiffe, Droiden und Altmetall zu plündern. Wenn sie sich zu einer der legendären Jawa-Tauschbörsen treffen, stärken sie sich gerne mit diesen leckeren Milchshakes.

ZUTATEN: (für je 2 Shakes)

SCHOBA (Schokolade-Banane)

250 g	Vanille-Eiscreme oder gefrorener Joghurt
1	geschälte und in Stücke geschnittene Banane
100 ml	Milch
30 ml	Schokoladensirup
	Schokostreusel nach Wunsch

SUSTRA (Erdbeere)

250 g	Erdbeereis oder gefrorener Joghurt
130 g	gefrorene Erdbeeren
100 ml	Milch
	weiße Schokoladenstreusel nach Wunsch

VANERBU (Vanille-Erdnussbutter)

130 g	Vanille-Eiscreme oder gefrorener Joghurt
1 TL	Vanillezucker
100 ml	Milch
50 g	Erdnussbutter
	Erdnussbutterchips nach Wunsch

DOSCHO (Doppelt Schokolade)

250 g	Schokoladeneis oder gefrorener Joghurt
100 ml	Milch
30 ml	Schokoladensirup
	zerstoßene Schokoladenkekse nach Wunsch

ZUBEREITUNG:

1. Gewünschtes Milchshake-Rezept auswählen und die entsprechenden Zutaten vorbereiten. Tipp: Kekse lassen sich am besten in einem verknoteten Gefrierbeutel mithilfe eines Nudelholzes zerbröseln.

2. Alle Zutaten in einen Mixer geben.

3. Zunächst auf kleinster Stufe verrühren, dann auf höchster Stufe 1–2 Minuten gut durchmixen.

4. Den Milchshake in zwei Gläser füllen und jeweils mit einem langen Löffel und einem Strohhalm servieren.

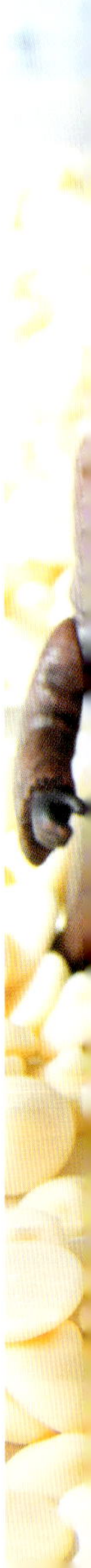

Midi-Chlorianer Gebräu

Ob dieses ungewöhnliche Getränk den Midi-Chlorianer-Wert erhöht, wissen wir leider nicht, aber dass es außerordentlich lecker schmeckt, steht völlig außer Frage.

ZUTATEN: (für 2 Gläser Gebräu)

1	Banane
40 g	Erdnussbutter
1 TL	Kakaopulver
2 TL	Zucker
350 ml	Milch

ZUBEREITUNG:

1. Banane klein schneiden und zusammen mit allen anderen Zutaten in einem Mixer gut vermischen.
2. In zwei gekühlte Gläser füllen und servieren.

Snacks und Beilagen

Wampa Schnee

Luke wurde auf dem Eisplaneten Hoth von einem wilden Wampa in dessen Eishöhle gefangen gehalten. Wie wir alle wissen, ist es Skywalker nur knapp gelungen, mit dem Leben davonzukommen. Es gibt Gerüchte, wonach er bei seiner Flucht das geheime Schneehügel-Rezept des Wampas stibitzt hat.

ZUTATEN (für 2 Portionen Wampa Schnee)

230 g	frische oder gefrorene Blaubeeren
60 ml	Wasser
1 EL	Zucker

ZUBEREITUNG:

1. Die Blaubeeren in eine Schüssel geben und mit einer Gabel gut zerdrücken. Je mehr Flüssigkeit dabei entsteht, desto besser.
2. Alles durch ein Sieb in eine gläserne Auflaufform schütten. Gegebenenfalls mit der Gabel den restlichen Saft aus den Blaubeeren drücken.
3. Wasser und Zucker zu dem Blaubeersaft hinzugeben und gut verrühren, bis sich der Zucker vollständig aufgelöst hat. Auflaufform für 30 Minuten in die Kühltruhe oder das Kühlfach stellen. Danach mit einer Gabel gut umrühren und erneut für 30 Minuten tiefkühlen. Nochmals kräftig umrühren und für weitere 4 Stunden in die Kühltruhe / ins Kühlfach stellen.
4. Die gefrorene Masse mit einer Gabel in kleine Stücke zerteilen und in Pappbecher füllen.

Sofort servieren.

Biskuit Fistos

Kit Fistos grüne Hautfarbe mag auf den ersten Blick etwas unheimlich wirken, doch er ist ein stolzer Jedi. Diese grün gefärbten Biskuits mögen zunächst auch etwas irritieren, aber sie überzeugen durch einen schon fast überirdischen Geschmack.

ZUTATEN: (ergibt etwa 12 Stück)

240 g	Mehl
2 TL	Backpulver
1 Prise	Salz
75 g	Butter
100g	Basilikum-Pesto
180 ml	Buttermilch (Raumtemperatur)

ZUBEREITUNG:

1. Ofen auf 230 °C vorheizen.

2. Mehl, Backpulver und Salz in einer Schüssel gut vermengen. Butter, Pesto und Buttermilch hinzufügen und alles gut verkneten.

3. Den Teig auf einer leicht bemehlten Arbeitsfläche etwa 1,5 cm dick ausrollen.

4. Mit den Ausstechformen *Star Wars*-Figuren ausstechen und die Teiglinge auf ein mit Backpapier belegtes Backblech legen.

5. Die Biskuits in 8–12 Minuten goldbraun backen.

Jawackler

Diese süßen kleinen Verführer wackeln genauso hin und her wie ein wuselnder Jawa.

ZUTATEN: (ergibt etwa 16 Jawackler)

1 Liter	dunkler Traubensaft oder Granatapfelsaft
3	Päckchen gemahlene Gelatine
2 EL	Zucker

ZUBEREITUNG:

1. ¼ Liter Saft in eine große Schüssel geben. Die gemahlene Gelatine einstreuen und etwa 10 Minuten ruhen lassen.
2. Den restlichen Saft zusammen mit dem Zucker in einem Topf zum Köcheln bringen. Dann den heißen Saft in den Gelatinemix gießen und gut umrühren.
3. Die Masse in eine etwa 23 x 30 cm große Schüssel geben und für mindestens 3 Stunden – am besten aber über Nacht – kalt stellen.
4. Zum leichteren Herauslösen der gefestigten Masse den Schüsselboden kurz in heißes Wasser tauchen.
5. Mit den Ausstechformen vorsichtig *Star Wars*-Figuren ausstechen.

Obi-Wan Tans

Obi-Wan Kenobi ist ein Jedi-Meister und stark in der Macht. Allerdings gibt es Gerüchte, wonach selbst er bei dieser fernöstlichen Leckerei bisweilen schwach wird.

ZUTATEN: (ergibt etwa 20 Obi-Wan Tans)

340 g	Frühlingsrollenteig
	Olivenöl
	Je nach Geschmack: Sesam, Mohn, grobkörniges Salz, Parmesankäse etc.

ZUBEREITUNG:

1. Ofen auf 190 °C vorheizen.

2. Den Frühlingsrollenteig auf einer Arbeitsfläche ausbreiten und mit den Ausstechformen *Star Wars*-Figuren ausstechen.

3. Ein Backblech mit Olivenöl bestreichen und die Wan Tans darauf legen. Dabei beachten, dass die Teiglinge nicht überlappen.

4. Die Wan Tans mit Olivenöl bestreichen und mit dem gewünschten Belag bestreuen.

5. In 5-6 Minuten goldbraun backen.

Cooler Jedi

Ein wahrer Jedi-Meister lässt sich durch nichts aus der Ruhe bringen. Selbst in den vertracktesten Situationen behält er seinen kühlen Kopf. Möglicherweise ist diese eisgekühlte Spezialität das Geheimnis.

ZUTATEN:

	Eiswürfelform
10–16	kleine frische oder gefrorene Erdbeeren (je nach Anzahl der Eiswürfelfächer in der Form)
	Fruchtsaft (z. B. Orangen- oder Apfelsaft)
	Zahnstocher oder bunte Cocktailsticks

ZUBEREITUNG:

1. Falls frische Erdbeeren zum Einsatz kommen, die Stiele und grünen Stellen mit einem Messer wegschneiden.
2. Nun jeweils 1 Erdbeere in die Fächer der Eiswürfelform legen und mit dem Fruchtsaft auffüllen.
3. Die Eiswürfelform für etwa 2 Stunden ins Tiefkühlfach stellen, bis die Würfel nahezu fest geworden sind.
4. Jetzt je einen Zahnstocher oder Cocktailstick genau in die Mitte der Würfel stecken und das Ganze noch mal für eine Stunde ins Tiefkühlfach stellen.
5. Die Fruchteiswürfel aus der Form drücken (nicht an den Sticks ziehen!) und genießen.

Variationen: Man kann natürlich auch andere Obstsorten verwenden, wie z. B. kernlose Trauben, Orangen- oder Ananasstücke. Meditiere in der Macht über deine Favoriten und du findest sicher noch andere Möglichkeiten.

Süßes

Wookiee Cookies

Wookiees können ganz schön gereizt reagieren, wenn man sie ärgert. Will man verhindern, dass sie in diesem Zustand einem Droiden den Arm aus dem Gelenk drehen, stellt man ihnen am besten einen Teller mit diesen unwiderstehlich schokoladigen Keksen hin.

ZUTATEN: (für ca. 35 Wookiee Cookies)

280 g	Mehl	100 g	Kristallzucker
1 TL	Backpulver	2	große Eier
1 TL	Salz	1 ½ TL 1 Pck.	Vanilleextrakt oder Vanillezucker
1 TL	Zimt	130 g	Vollmilch-schokoladenstücke
230 g	Butter (Raumtemperatur)	130 g	Halbbitter-schokoladenstücke
230 g	brauner Zucker		

ZUBEREITUNG:

1. Den Backofen auf 190 °C vorheizen.
2. Mehl, Backpulver, Salz und Zimt in eine Rührschüssel geben und alles gut vermischen.
3. In einer anderen Rührschüssel Butter, braunen Zucker und Kristallzucker zu einer cremigen Masse verrühren. Eier und Vanille-extrakt / Vanillezucker hinzugeben und nochmals gut verrühren. Nun den Mehlmix hinzugeben und alles zu einem geschmeidigen Teig verrühren. Die Schokoladenstücke hinzugeben und mit einem Rührlöffel unterheben.
4. Mit einem Esslöffel portionsweise Teig auf ein mit Backpapier belegtes Backblech häufen. Darauf achten, dass zwischen den einzelnen Teigportionen etwa 2 cm Platz bleiben, weil die Kekse beim Backen breiter werden.
5. Ab damit in den Ofen und etwa 10 Minuten lang goldbraun backen.
6. Das Blech aus dem Ofen nehmen und die Kekse auf einem Kuchengitter auskühlen lassen.

Bossk Brownies

Kopfgeldjäger Bossk ist es niemals gelungen, Han Solo und Chewbacca einzufangen. Vielleicht war er durch diese leckeren Brownies abgelenkt.

ZUTATEN: (für 16 Bossk Brownies)

75 g	Mehl
65 g	Kakaopulver
½ TL	Backpulver
½ TL	Salz
115 g	Butter (Raumtemperatur)
115 g	brauner Zucker
50 g	Kristallzucker
2	große Eier
1 TL	Vanilleextrakt oder 1 Pck. Vanillezucker
65 g	weiße Schokolade

ZUBEREITUNG:

1. Den Backofen auf 180 °C vorheizen. Ein tiefes Backblech mit Backpapier auslegen.

2. Mehl, Kakaopulver, Backpulver und Salz in eine kleine Schüssel geben, gut vermischen und zur Seite stellen.

3. Butter, braunen Zucker und Kristallzucker in einer großen Rührschüssel mit dem Handrührgerät zu einer cremigen Masse verrühren. Eier und Vanilleextrakt / Vanillezucker hinzugeben und nochmals gut verrühren. Den Mehlmix hinzugeben und alles zu einem geschmeidigen Teig verrühren. Schokoladenstückchen hinzugeben und unterheben.

4. Die Teigmasse in das Backblech geben und glattstreichen.

5. Etwa 25 Minuten bei 180 °C backen. Das Blech aus dem Ofen nehmen und das Gebäck abkühlen lassen.

6. In 16 gleich große Stücke schneiden.

Todesstern Popcornkugeln

Genau wie der Todesstern können auch diese außergewöhnlichen Süßigkeiten eine echte Herausforderung darstellen. Junge Padawane, die sich daran versuchen wollen, sollten die Hilfe ihres Meisters in Anspruch nehmen – oder einen Erwachsenen um Unterstützung bitten.

ZUTATEN: (für 2-3 Todesstern Popcornkugeln)

40 g	Popcornmais	1 TL	Essig
600 g	Zucker	1 TL	Vanilleextrakt oder Vanillezucker
350 ml	Wasser		etwas Butter oder Backfett
130 ml	klarer Maissirup (alternativ: Ahornsirup)		Küchenthermometer
½ EL	Salz		

ZUBEREITUNG:

1. Zuerst das Popcorn frisch zubereiten (z. B. in der Popcornmaschine oder in der Pfanne). Fertiges Popcorn aus dem Handel ist natürlich auch möglich. Popcorn in ein feuerfestes Gefäß füllen und zur Seite stellen.

2. Zucker, Wasser, Maissirup und Salz in eine Pfanne geben und gut verrühren. Nun ein Küchenthermometer am Pfannenrand befestigen und das Gemisch bei schwacher Hitze auf den Herd stellen. Essig und Vanilleextrakt hinzugeben und unter ständigem Rühren bis auf etwa 130 °C erhitzen (Thermometeranzeige beachten!).

3. Das heiße Zuckergemisch vorsichtig über das Popcorn gießen und alles mit zwei Löffeln gut vermischen. Darauf achten, dass dabei alle Popcornstücke umhüllt werden.

4. Die Masse abkühlen lassen!

5. Sobald die Masse kühl genug ist, dass man sie berühren kann, etwas Backfett oder Butter in beiden Händen verreiben, damit das Popcorn nicht daran kleben bleibt. Mit beiden Händen aus der Popcornmasse etwa tennisballgroße Kugeln formen.

R2-D2 Schmecker

R2-D2 isst niemals – zumindest hat es den Anschein. Diese gefrorene Leckerei wurde in einer Tiefkühltruhe auf der verlassenen Rebellenbasis auf Hoth entdeckt. Gehörte sie R2-D2? Wer weiß ...

ZUTATEN: (für 4 R2-D2-Schmecker)

100 g	weiße Schokoladenstückchen
2 EL	gehackte Erdnüsse
1	Banane
1	KitKat®

ZUBEREITUNG:

1. Die weiße Schokolade in einem Kochtopf bei schwacher Hitze unter ständigem Rühren schmelzen lassen und zur Seite stellen.
2. Banane schälen und in vier gleich große Stücke schneiden.
3. KitKat® auspacken. Die vier Riegel voneinander trennen und jeden einzelnen in zwei gleich große Stücke teilen. Zur Seite stellen.
4. Die gehackten Erdnüsse in eine kleine Schüssel geben.
5. Nun ein Bananenstück in die geschmolzene Schokolade tauchen bis sie rundum mit Schokolade überzogen ist. Direkt im Anschluss ein Ende der Schokobanane in die Erdnüsse tauchen. Die Banane auf eine geeignete Unterlage stellen (das Ende mit dem Nussüberzug nach oben).
6. Jetzt vorsichtig jeweils 1 KitKat®-Stück links und rechts andrücken, damit es wie eine R2-Einheit aussieht.
7. Die Schritte 5 und 6 mit den drei anderen Bananenstücken wiederholen.
8. Alles für etwa 15 Minuten in die Tiefkühltruhe / ins Tiefkühlfach stellen und dann sofort servieren.

Sandtruppler

Mindestens so fein wie der Sand auf Luke Skywalkers Heimatplaneten Tatooine ist dieses leckere Mürbegebäck, zu dem selbst die hartgesottenen Wüsteneinheiten der Klonsoldaten niemals Nein sagen können.

ZUTATEN: (für ca. 30 Sandtruppler)

170 g	Butter (Raumtemperatur)
280 g	Zucker
2	Eier
1 TL	Vanilleextrakt oder Vanillezucker
240 g	Mehl
¼ TL	Salz
	Speiseöl oder Butter zum Einfetten des Backblechs
	Puderzucker

ZUBEREITUNG:

1. Die Butter in eine Schüssel geben und mit einem Handrührgerät cremig rühren.

2. Weiterrühren, und den Zucker in einem gleichmäßigen Strom unterrühren.

3. Die Eier nach und nach hinzugeben und jedes Ei etwa eine halbe Minute mit der Zucker-Butter-Masse verrühren. Vanilleextrakt / Vanillezucker hinzugeben und ebenfalls gut verrühren.

4. Mehl und Salz in eine Schüssel sieben und löffelweise unter ständigem Rühren zur Zucker-Butter-Masse hinzugeben. Die Masse wird jetzt sehr fest. Gegen Ende des Rührvorgangs am besten alles mit den Händen verkneten.

5. Den Teig in Folie einwickeln und für 1 Stunde in den Kühlschrank legen.

6. Ofen auf 200 °C vorheizen.

7. Den Teig aus dem Kühlschrank nehmen und auf einer bemehlten Arbeitsfläche dünn ausrollen. Mit den *Star Wars*-Ausstechformen Kekse ausstechen und vorsichtig auf ein mit Backpapier ausgelegtes Backblech legen. Auf genügend Abstand achten. Teigreste zusammenkneten, erneut ausrollen und wieder Kekse ausstechen, so lange bis der gesamte Teig verbraucht ist.

8. Ab damit in den Ofen und so lange backen, bis die Kekse anfangen braun zu werden (etwa 8–10 Minuten).

9. Backblech aus dem Ofen nehmen und die Kekse abkühlen lassen. Leicht mit Puderzucker bestäuben und servieren.

Darth Sidious Sorbet

Eiskalt wie der dunkle Sithlord persönlich und doch überraschend süß ist diese kühle Köstlichkeit. Aber genau wie Sidious hat sie die Macht, im Handumdrehen zu verschwinden.

ZUTATEN: (ergibt 4 Portionen)

	Eismaschine
100 g	Zucker
300 g	gefrorene Brombeeren
150 g	beliebiger Beerenfruchtsirup
2 EL	frischer Zitronensaft
150 g	süße Sahne

ZUBEREITUNG:

1. Die Beeren zusammen mit dem Zucker in einem Mixer gut durchmischen. Die Masse durch ein Sieb drücken, um die Beerenkerne auszusieben.
2. Mixer auswaschen und dann das Beerenmus mit dem Sirup, dem Zitronensaft und der Sahne nochmals gut durchmischen.
3. Die Masse in der Eismaschine gemäß den Herstellerangaben zu Sorbet verarbeiten.
4. Pro Portion 2 Kugeln Sorbet in einer Eisschale anrichten.

Darth Vader Becher

Es gibt Gerüchte, die besagen, dass Darth Vader mit diesem köstlichen Dessert zur Dunklen Seite der Macht verführt wurde.

ZUTATEN: (für 4 Portionen)

100 ml	Schokoladensoße
1	Packung Schokoladen-Eiscreme
1	kleiner Becher Schlagsahne
4 EL	gehackte Nüsse
4 TL	Schokoladenstreusel

ZUBEREITUNG:

1. Die Schokoladensoße langsam erhitzen. 4 Dessertschalen bereitstellen.

2. Jeweils 2 Kugeln Schokoladen-Eiscreme in die Schalen bzw. Gläser füllen. Dann 2 TL heiße Schokoladensoße darübergeben und mit einem Klecks Schlagsahne garnieren. Nüsse und Schokostreusel darüberstreuen und sofort servieren.

Mos Eisley Happen

Die Gebäude der Wüstenwelt Tatooine trotzen mit ihrer typischen Bauform heftigen Sandstürmen und großer Hitze. Mit diesem verführerischen Happen trotzt man garantiert jeder Hungerattacke.

ZUTATEN: (für ca. 12 Happen)

1	rechteckige Auflauf- oder Backform
250 g	Mehl
2 TL	Backpulver
½ TL	Natron
1 ½ TL	Zimt
1 TL	Muskat
½ TL	Nelkenpulver
¼ TL	Salz
3	große Bananen
1	großes Ei
2 EL	Speiseöl
2 TL	Vanillezucker

ZUBEREITUNG:

1. Backofen auf 190 °C vorheizen.
2. Auflauf- oder Backform einfetten.
3. Mehl, Backpulver, Natron, Zimt, Muskat, Nelkenpulver und Salz in eine große Schüssel sieben.
4. In einer anderen Schüssel die Bananen zerdrücken. Ei, Öl und Vanillezucker hinzugeben und gut verrühren.
5. Die Masse in das Mehlgemisch geben und alles locker verrühren.
6. Den so entstandenen Teig in die Auflauf- oder Backform geben und glattstreichen.
7. Bei 190 °C etwa 30–35 Minuten backen. Zur Probe mit einer Gabel in den Teig stechen – wenn kein Teig mehr daran kleben bleibt, kann die Form aus dem Ofen genommen werden.

Das Backwerk in 12 gleich große Quadrate schneiden.

Variante: Auf dem Foto rechts wurden die Mos Eisley Happen mit einem leckeren Überzug versehen. Dazu einfach eine weitere Banane zerdrücken und direkt vor dem Servieren gleichmäßig auf den Happen verteilen. Mit ein bisschen Zimt bestreuen – fertig!

Wichtig: Sofort servieren – denn nur dann ist die Zerdrückte-Bananen-Macht auch wirklich mit Euch!

C-3POfenknusper

Dreipeo empfiehlt, diese knusprigen Kekse in Milch oder heiße Schokolade zu dippen.

ZUTATEN: (ergibt etwa 50 Stück)

230 g	Butter
150 g	brauner Zucker
1	großes Ei
1	Päckchen Vanillezucker
3 Prisen	Salz
1 TL	Zimt
2	Messerspitzen Backpulver
75 g	Haferflocken
300 g	Mehl

ZUBEREITUNG:

1. Butter und Zucker in eine Rührschüssel geben und mit dem Handrührgerät zu einem cremigen Teig verarbeiten. Ei und Vanillezucker hinzugeben und gut verrühren.

2. In einer weiteren Schüssel Salz, Backpulver, Zimt und Haferflocken zusammen mit dem Mehl gut durchmischen. Diese Mischung dann in den Zucker-Butter-Mix geben und alles gut durchkneten.

3. Den Teig in zwei gleich große Stücke teilen. Beide jeweils zu einer flachen Scheibe platt drücken, mit Plastikfolie umwickeln und für mindestens 1 Stunde in den Kühlschrank legen.

4. Ofen auf 180 °C vorheizen.

5. Auf einer bemehlten Arbeitsfläche die beiden gekühlten Teigstücke etwa ½ cm dick ausrollen.

6. Mit den Ausstechformen *Star Wars*-Figuren ausstechen und die Teiglinge auf ein gefettetes Backblech legen. In 14 – 16 Minuten goldbraun backen.

Schoko-Chewies

Diese galaktisch schokoladigen Kekse verwandeln selbst den übellaunigsten Wookiee im Handumdrehen in einen rundum glücklichen Zeitgenossen.

ZUTATEN: (ergibt etwa 50 Stück)

360 g	Mehl
3 Prisen	Salz
½ TL	Backpulver
230 g	Butter (Raumtemperatur)
300 g	Zucker
2	große Eier
1	Päckchen Vanillezucker
60 g	Kakao

ZUBEREITUNG:

1. Mehl, Salz, und Backpulver in einer Schüssel gut verrühren und zur Seite stellen.
2. In einer weiteren Schüssel Butter, Zucker, Eier, Vanillezucker und Kakao mit dem Handrührgerät gut vermischen.
3. Jetzt den Mehlmix portionsweise hinzugeben und alles gut verkneten.
4. Den Teig zu einer Scheibe plattdrücken und in Plastikfolie eingewickelt für mindestens 1 Stunde in den Kühlschrank legen.
5. Ofen auf 180 °C vorheizen.
6. Den Teig auf einer bemehlten Arbeitsfläche etwa ½ cm dick ausrollen.
7. Mit den Ausstechformen *Star Wars*-Figuren ausstechen und auf ein gefettetes Backblech legen.
8. In 10 – 12 Minuten knusprig backen.

Admiral Ackbar Schnitten

Das ist absolut keine Falle! Diese saftigen Schnitten sind ein idealer Snack für alle hungrigen Sternenkrieger.

ZUTATEN: (reicht für ca. 16 Schnitten)

340 g	Butter
225 g	Haferflocken
180 g	brauner Zucker
200 g	Hagelzucker
360 g	Mehl
1 TL	Salz
2 TL	Backpulver
1 TL	Zimt
340 g	Aprikosenkonfitüre

ZUBEREITUNG:

1. Ofen auf 180 °C vorheizen.
2. Eine ca. 23 x 30 cm Backform mit Alufolie auslegen und leicht einfetten.
3. Haferflocken, Zucker, Hagelzucker, Mehl, Salz, Backpulver und Zimt in eine Schüssel geben und gut vermengen. Butter hinzugeben und alles vermischen, bis ein krümeliger Teig entstanden ist.
4. Die Hälfte des Teiges in die Backform geben und von Hand gut andrücken.
5. Die Aprikosenkonfitüre auf den Teigboden geben und glattstreichen.
6. Den Rest des Teiges gleichmäßig über der Konfitüre verteilen.
7. Ab in den Ofen und etwa 30 – 40 Minuten backen, bis die Oberfläche einen goldenen Farbton annimmt.
8. In der Backform komplett auskühlen lassen, und dann entweder mit den Ausstechformen *Star Wars*-Figuren ausstechen oder das Gebäck in Rechtecke schneiden.

Möge das Konfekt mit dir sein

Dieser schokoladige Hochgenuss ist einfach nur zum Einswerden mit der Macht!

ZUTATEN:

2 EL	Butter
900 g	feinster Zucker
100 g	Blockschokolade, kleingehackt
150 g	Sahne
½ TL	Salz
1	Päckchen Vanillezucker

ZUBEREITUNG:

1. Eine ca. 23 x 30 cm große Backform einfetten.
2. Zucker, Schokolade, Sahne und Salz in einen Topf geben, bei mittlerer Hitze auf den Herd stellen und so lange rühren, bis sich der Zucker vollständig aufgelöst hat und die Schokolade geschmolzen ist. Die Masse nun ohne weiteres Rühren auf 110 °C erhitzen (Küchenthermometer). Den Topf vom Feuer nehmen, die Butter und den Vanillezucker hinzugeben und vorsichtig unterrühren.
3. Die Masse etwa 5 Minuten abkühlen lassen. Dann mit einem Holzlöffel so lange umrühren, bis die Masse nicht mehr glänzt. Im Anschluss alles in die Backform geben und etwa 20 Minuten kalt stellen.
4. Die fest gewordene Masse in Rechtecke schneiden und danach komplett auskühlen lassen.

Mos Eisley XXL Pralinen

Mos Eisley ist vor allem für seine hartgesottenen Frachterpiloten bekannt. Doch selbst die werden bei dieser hochfeinen Spezialität ganz schnell schwach.

ZUTATEN: (ergibt 9 XXL Pralinen)

Für die untere Schicht:

500 g	Schokokekse (z. B. Oreo®), fein zerstoßen
225 g	Frischkäse (Raumtemperatur)

Für die obere Schicht:

250 g	Zartbitterschokolade, kleingehackt
330 g	cremige Erdnussbutter

ZUBEREITUNG:

1. Für die untere Schicht die fein zerstoßenen Kekse und den Frischkäse in einer Schüssel gut verrühren.

2. Die Ausstechformen leicht einölen und auf ein geeignetes Tablett oder einen Teller legen.

3. Nun jeweils 2 EL von der hellen Masse abnehmen und sorgsam in die Ausstechformen geben, gut andrücken und glattstreichen. 15 Minuten kühl stellen.

4. Für die dunkle Schicht die kleingehackte Schokolade und die Erdnussbutter in eine kleine Schüssel geben und im Wasserbad erhitzen. Alles gut verrühren. Sobald eine homogene Masse entstanden ist, die Schüssel aus dem Wasserbad nehmen und für eine Minute weiterrühren, um die Masse etwas abzukühlen.

5. Nun das Tablett / den Teller aus dem Kühlschrank nehmen und die Ausstechformen mit der Erdnussbutter-Schokoladen-Mischung bis knapp unter den Rand auffüllen. Erneut für ca. 1 Stunde kalt stellen.

6. Die Schritte 2-5 wiederholen, bis die gesamte Masse aufgebraucht ist.

Wookiee Stullen

Wookiees sind als mächtige Krieger und hervorragende Kämpfer bekannt. Es gibt Gerüchte, wonach sie ihre Kraft aus dieser schokoladigen Köstlichkeit beziehen.

ZUTATEN: (ergibt 24 Wookiee Stullen)

Für die Biskuits:

200 g	Mehl
75 g	Kakao
2 TL	Backpulver
½ TL	Salz
4 EL	Butter (Raumtemperatur)
4 EL	Pflanzenöl
200 g	Rohrohrzucker
1	Ei
1	Päckchen Vanillezucker
300 ml	Milch (Raumtemperatur)

Für die Füllung:

150 g	Puderzucker
100 g	Kakao
4 EL	Butter (Raumtemperatur)
3 EL	Sahne
1	Päckchen Vanillezucker
½ TL	Salz
	Außerdem: Wachspapier, Spritzbeutel.

[Fortsetzung auf Seite 58]

ZUBEREITUNG: Für die Biskuits:

1. Ofen auf 190 °C vorheizen.

2. Zwei Backbleche mit Backpapier auslegen. Mit Hilfe der Ausstechformen und einem schwarzen Stift die Umrisse von insgesamt 48 Figuren auf die Backpapiere zeichnen. Zwischen den Umrissen jeweils 5 cm Abstand lassen. Die Backpapiere umdrehen.

3. Mehl, Kakao, Backpulver und Salz auf ein Wachspapier sieben.

4. Butter, Pflanzenöl und Zucker in einer Schüssel mit dem Handrührgerät zunächst grob zusammenrühren. Dann auf höchster Stufe in etwa 3 Minuten zu einem luftigen und geschmeidigen Teig verrühren. Das Ei und den Vanillezucker hinzugeben und nochmals für ca. 2 Minuten verrühren.

5. Nun die Hälfte der Mehl-Kakao-Mischung in die Masse geben und grob verrühren. Danach den Rest der Mehlmischung zusammen mit der Milch hinzufügen und so lange rühren, bis alles gut vermengt ist.

6. Einen Spritzbeutel mit der Masse füllen und damit zunächst die Umrisse der Figuren nachfahren, anschließend jeweils den Innenteil ausfüllen.

7. Jeweils 1 Backblech in den Ofen schieben und die Biskuits etwa 10 Minuten backen. Danach auskühlen lassen.

Für die Füllung:

1. Puderzucker, Kakao und Butter mit dem Handrührgerät verrühren, bis ein krümeliger Teig entstanden ist. Danach Sahne, Vanillezucker und Salz hinzufügen und auf höchster Stufe zu einer weichen Masse verarbeiten.

2. Die Masse mit dem Spritzbeutel oder einem Löffel auf 24 der Biskuits streichen und jeweils mit einem weiteren Biskuit bedecken.

Jar Jar Feigenschnitten

Jar-Jar Binks mag zumeist ein Tollpatsch sein, doch bei verführerischem Gebäck macht ihm so schnell keiner etwas vor.

ZUTATEN:

180 g	getrocknete Feigen, geschnitten
½ TL	Mehl
225 g	cremige Erdnussbutter
50 g	Rohrohrzucker
180 g	Honig
450 g	des bevorzugten Müslis
1 TL	Zimt
130 g	Pekannüsse, gehackt

ZUBEREITUNG:

1. Eine ca. 20 x 23 cm große Backform einfetten. Die geschnittenen Feigen in eine Schüssel geben, mit dem Mehl bestäuben und grob vermengen, so dass alle Feigen mit Mehl bedeckt sind.

2. Erdnussbutter, Zucker und Honig in einen Topf geben und bei schwacher Hitze etwa 10 Minuten köcheln lassen; dabei immer wieder umrühren. Den Topf vom Herd nehmen, Müsli, Zimt, Pekannüsse und Feigen hinzugeben und alles gut verrühren.

3. Die Mischung in die gefettete Backform geben und gut andrücken. Mindestens 30 Minuten – am besten aber über Nacht – kalt stellen.

4. Aus dem Kühlschrank nehmen und in Rechtecke schneiden oder mit den Ausstechformen *Star Wars*-Figuren ausstechen.

Skywalkers

Luke Skywalker ist ein großer Held der Rebellion und ein wahrhaft mächtiger Jedi-Meister, doch selbst er kann dieser simplen Leckerei einfach nicht widerstehen.

ZUTATEN: (ergibt rund 50 Kekse)

250 g	Butter (Raumtemperatur)
200 g	Zucker
1	Ei
1	Päckchen Vanillezucker
360 g	Mehl
1 Prise	Salz
2 TL	Backpulver

ZUBEREITUNG:

1. Ofen auf 180 °C vorheizen.

2. In einer großen Schüssel Butter und Zucker mit dem Handrührgerät schaumig schlagen. Nun das Ei und den Vanillezucker hinzufügen und alles gut vermischen. In einer weiteren Schüssel Mehl, Salz und Backpulver gut vermengen. Diese Mischung nun schrittweise in den Butter-Zucker-Mix geben und jedes Mal gut verrühren.

3. Den Teig auf einer bemehlten Arbeitsfläche von Hand mehrmals gut durchkneten und dann ca. ½ cm dick ausrollen.

4. Mit den Ausstechformen *Star Wars*-Figuren ausstechen und auf ein Backblech legen.

5. Die Kekse in 7-9 Minuten goldbraun backen.

6. Nach Belieben mit Zuckerguss garnieren. *[siehe Seite 62]*

ZUCKERGUSS

2	**Eiweiß**
1 TL	**frischer Zitronensaft**
1	**Päckchen Vanillezucker**
360 g	**Puderzucker**
	Lebensmittelfarben (falls gewünscht)

ZUBEREITUNG:

1. Das Eiweiß in einer großen Schüssel schaumig schlagen. Zitronensaft und Vanillezucker hinzufügen und verrühren, bis die Masse Konturen annimmt. Nun den Puderzucker nach und nach hinzugeben und die Masse vollends steifschlagen.

2. Um den Guss zu färben, eine kleine Menge der Masse abnehmen und in einer kleinen Schüssel mit entsprechender Lebensmittelfarbe mischen. Alles gut verrühren.

3. Mit Hilfe eines Spritzbeutels die Kekse je nach Geschmack verzieren. Falls die gesamte Oberfläche der Kekse dekoriert werden soll, bietet es sich an, zunächst die Ränder mit Guss zu verzieren und diesen dann wenigstens 20 Minuten trocknen zulassen. Danach kann auch der Innenteil bequem mit Guss verfeinert werden. Bei Konturen ebenso verfahren.

4. Auf der rechten Seite gibt es entsprechende Verzierungsvorschläge.

YODA

1	Grüner Hintergrund und Konturen
2	Weiß
3	Schwarz

R2-D2

Weißer Hintergrund	1
Grau	2
Blau	3
Schwarz	4
Rot	5

DARTH VADER

1	Schwarzer Hintergrund und Konturen
2	Weiß

Verzierungsvorschläge

Index